मेरा विद्यार्थी जीवन

विकास अहिरवार

Copyright © Vikas Ahirwar
All Rights Reserved.

क्रम-सूची

भूमिका

मैं विकास अहिरवार सभी पाठको से ये उम्मीद करता हु की आप सभी को ये बुक अवश्य पसंद आयेगी

आमुख

IGGGGGGGGGGGGGGG
IHHIIIIKKK
JJJJJJJJJJJJJJ
IGBI'
IGF
I
OGH
GIO'GK
G
KGKOOJK

1

परिचय

ये बात जब की है तब गाँवों में गिनी चुनी साइकिल हुआ करती थी | गाँवो में उन दिनों संयुक्त परिवार का बहुत चलन था गाँव के लोग अपने अपने परिवारों के साथ बड़े सुकून से रहते थे गाँव में ज्यातर किसान कुछ किसानो के बेटे पढ़ लिख कर बाबु बन चुके थे तो कुछ लोग अभी भी मजदूरी करते थे |गाँव की एक बस्ती में कुछ ऐसे ही क्रम बद्ध घर बने हुए थे मिटटी की बनी दीवार जिसके ऊपर खप्पर की छत ,लकड़ी का दरवाजा गाँवों में घर भले ही कम हों लेकिन उन घर के आगे देलान जरूर हुआ करती थी | उन दलानों में आदमी जो मिल जुल कर बैठे रहते थे इस समय वहुत ही शरीफ किसान हुआ करते थे न थाना कचहरी यदि कुछ आपसी में हो भी जाता था तो आपसी में मामला सुलझा भी लिया करते थे गाँव के सभी नौजबान भी बड़े बूढ़ों की बात को तबज्जो देते थे| क्योंकि ये भले ही ज्यादा पढ़े लिखे न हों लेकिन समझ और निर्णय लेने की क्षमता बहुत थी | गाँव के लोग अपने से बड़े व्यक्ति को बढ़ारी का सम्मान दिए वगेर बात नही करते थे | इधर इनके पुराने किस्सों में जो मजा था वो मज़ा कहीं नही हुआ करता था | ठण्ड का मौसम सामने अंगीठी लगी हुई उसके चारों और बैठे लोग जिनमे कभी मतभेद नही हुआ उनके किस्से चल रहे हैं और कुछ लोग वहीं बैठे बैठे उन्गिया रहे हैं | सुबह-सुबह मुर्गों की बांग जिसका काम सबको जल्दी जगाने का काम था , और गलियारे से मवेशियो के निकलने के बाद गाँव की सभी महिलाएं अपने अपने घर के सामने झाड़ू लगा लिया करती थी | तभी डाकिया पड़ोसन काकी की चिट्टी लेकर आता था तब काकी उस चिट्टी को लेकर पूरे मोहल्ले में घूमती रहती थीं | जब कोई पड़ने वाला न मिलता तो गाँव के टयूसन मास्टर के पास पढवाने के लिए ले जाती थी जब मास्टर उसे पढ़ के सुनाते थे तब जाके शांति मिलती थी | गाँव के हर दसवें

व्यक्ति को यही चिट्टी पढवाने की समस्या आती थी |उस समय गाँव में टीवी होना बहुत बड़ी बात हुआ करती थी यदि गाँव में किसी के पास टेलीविसन होता था एक बड़ा सा आंगन और उसमे रखा एक लकड़ी का टेबल टेबल पर रखी हुई बड़ी सी टीवी सभी लोग उसके आगे आके बैठा जाते थे , जिन लोगो को आंगन में जगह न मिलती तो वह घर के नरदोआँ में से झांक कर देखते थे यदि किसी को टीवी देखने का मौका नही मिलता था तब वह चुपके से टीवी का एन्टीना हिला दिया करता था जिससे की टीवी में पर्दा हट जाता था | और लोगो को पता ही नही चलता था, जब एंटीना सही हो जाता था तब जाके बेचारे लोग देख पाते थे गाँव के सभी लोग उस घर के बाहर इकठ्ठा हो जाया करते थे तब टीवी में महाभारत सुबह के 11 बजे आया करता था सभी लोग महाभारत देखने के लिए खेतों से हर कुरे और बैलों को अपने साथ ले आया करते थे | जब कभी भी गाँव में बिजली चली जाती थी तो किसानो का खेत से घर आना व्यर्थ हो जाता था पर फिर भी कुछ नही अगले दिन के लिए और लालसा बढ़ जाती थी और छूटे हुए के प्रति बहुत दुखी हुआ करते थे और उसे रात में देखने के लिए टीवी बाले घर के वाहर इकठ्ठा हो जाते थे बहुत भीड़ होने के कारण कुछ लोग घर के बहार ही तरपाल बिछाकर बैठ जाते थे | उसी बस्ती में एक छतरसिंह नाम का बुजुर्ग आदमी भी रहता था उसका घर किसी बहुत पुराने महाराजा के द्वारा बनायीं गयी बाबड़ी से थोडा आगे चल कर ही था घर दूर से देखने में बहुत अच्छा लगता था घर का मुख्य द्वार पूर्व की ओर था | घर के बाहर एक दलान और उसमे गड़े ६ चीरे जो की उसकी पूरे छप्पर वाली छत को झेले हुए थे|

द्वार में पुरानी नीम की लकड़ी का किबाड़ घर में अन्दर घुसते ही एक बड़ा सा आंगन दिखता था बाखर में एक था हैंडपंप जोकि उसके सबसे छोटे बेटे ने बड़ी मेहनत से पैसे इकट्ठे करने के बाद लगवाया था| आँगन में बहुत बड़ा नीम का पेड़ था, जो कि उसकी पत्नी ने लगाया था | वह व्यक्ति अपनी पत्नी नारायणी बाई और चारो पुत्र प्यारा ,कल्लू ,रामदयाल, रामप्रसाद ये सब भी अपनी पत्नियों के साथ रहते थे |कुछ दिनों बाद बस्ती में सबने मिल कर इलाहाबाद जाने की योजना बनायीं ज्यादातर लोग राजी भी हो गए | पर छतरसिंह ने साफ़ साफ़ इनकार कर दिया पर उसकी पत्नी ने उसकी एक न सुनी, दो दिन पश्चात वह बस्ती वालों के साथ चली गयी |

जब वह सभी लोगो के साथ ट्रेन में बैठ के बापस घर आ रही थी उस समय मावन या में रेलवे स्टेशन नही हुआ करता था ,तो सभी लोग पगारा उतर जाया करते थे |पर उस दिन विधाता का संयोग एसा था वह ट्रेन में से पगारा पर नही

उतरी उसने गुना की रेलवे स्टेशन पर उतरने का फैसला किया समय था यही कोई सुबह के 11 बजे का जब ट्रेन गुना रेलवे स्टेशन पर रुकी तब वह सभी सुरक्षित ट्रेन से उतर गए ,जब वह उतरने लगी तभी उसका पैर ट्रेन के पहिये के नीचे चला जाता है और ट्रेन पैर को रोंधती हुए उसके उपर से निकल जाती है पूरी स्टेशन सन्न सी पढ़ जाती है बहुत सारी भीड़ इकठ्ठा हो जाती है जो साथ गए थे वो लोग रोने लगते है तभी मौके पर पुलिस आ जाती ही उनको जल्दी अस्पताल ले जाया जाता है जब सभी लोग अस्पताल पहुँच जाते हैं गाँव के लोगो को जैसे ही खबर लगती है सभी तुरंत अस्पताल में जमा हो जाते है जब डॉक्टर आते हैं वो मृत घोषित कर देते है कोई जाके जब घर वालों को सूचित करता है तब सभी घर बाले रोते बिलकते अस्पताल पहुँचते तब थोड़ी देर पुलिस केस फाइल होता है फिर बॉडी को घर जाने की परमिशन मिल जाती है कुछ समय बाद अंत्येष्ठी की जाती है |

ऐसे कुछ महीने गम में बीतने की बाद घर में एक किलकारी ये किलकरी एक ख़ुशी की किलकारी थी गूंजी दरअसल उसके सबसे छोटे पुत्र के एक लड़का हुआ | उस रात काली बदल की घटाएं अपनी मस्ती में मगन थी इधर उस छोटे बच्चे की रोने की आवाज कतई बंद होने का नाम नही ले रही थी ये आवाज सुनकर सभी मोहल्ले के लोग और महिलाएं इकठ्ठा हो गए | कोई किसी को बधाई देता तो कोई किसी से गले मिलता | पूरे मोहल्ले में जश्न का का माहोल बन चुका था ख़ुशी ख़ुशी कुछ दिन बीत गए तभी उसके नामकरण की वारि आयी तो घर बालो ने नामकरण के लिए सारी व्यवस्थाएं करली तो उसका पंडित जी नाम सुझाया रामनिवास , अब उस अज्ञात शिशु को को एक पहचान मिल चुकी थी | कुछ दिनों तक उसे इस नाम से जानने लगे | दोपहर के समय जब उस बालक का पिता अपनी साइकिल से खेत पर जा रहा था वह आधे रस्ते में पहुंचा ही था की तभी उसके कानों में एक शब्द पड़ा जो की एक आदमी अपने बेटे को उसके नाम से पुकार रहा था | वह शव्द था विकास यह शव्द सुनकर वह एकदम स्तब्ध रह गया , तभी उसने अपनी साइकिल वापस लौटा ली और अपने घर की तरफ आ गया तभी उसने अपनी पत्नी को यह नाम बताया और यही नाम रख दिया अब रामनिवास विकास में वदल गया था | अब विकास काले रंग के झवले में इधर उधर घुटनों के बल चलने लगा था| दिन भर खेलते कूदते निकल जाता था| अब धीरे धीर विकास बड़ा होता गया

कुछ समय पश्चात् यह घोषणा हुई की कुछ दिन बाद ग्राम पंचायत के मुखिया के चुनाव होंगे | तभी उस व्यक्ति को गाँव के पंच बनने का मौका मिला तो अब विकास ग्राम के एक पंच का बेटा था | कुछ दिन तक घर पर लोगो का आना जाना लागा रहता था ,तब कुछ लोग विकास को थोडा बहुत उठा कर थोडा बहुत उसके

साथ खेलकर हसकर कुछ पैसे दे देते थे | यह बात उसके पिता को बहुत खलती थी | अब उस बालक को थोड़े बहुत अल्फाजों की समझ होने लगी थी , पर बोलने में अभी भी हिचकिचाता था पर अब वह खुदके बल पर बैठना सीख गया था

2

ऑंगन वाड़ी

मम्मी ने एक झोला के जैसा थोडा अच्छा सा बस्ता सिल दिया था बस्ते में एसा कुछ था नही बस मुझे बस्ते की आदत डालने के लिए ,

सर्दियों का वक्त था तब ठंडी ठंडी सी हवाएं चल रही थी शाम का वक्त हो रहा था तभी मुझे थोड़ी ठंडी सी महसूस हुई मेरे पास रोने के अलावा और कोई विकल्प शायद नही था । मैं रोता रहा तभी माँ ने पीठ थपथपाई और मुझे जबरजस्ती चुप कराया जैसे तैसे करके में चुप हुआ । तभी मेरी एक नज़र मेरी दीवार में बनी एक अरयिया में पड़ी उसमे परले जी के बिस्कुट का एक पैकेट रखा था तभी माँ ने मुझे दो बिस्कुट दिए और मेरी खाते-खाते ही नींद लग गयी तभी मुझे बिस्तर पर सुला दिया ।

दादाजी की आखें मुर्ग की बांग का इन्तेजार नही करती थी घर में सबसे पहले जागने वाले व्यक्ति थे । उठने के बाद सबसे पहला काम था घर की साफ सफाई करना वह पूरे आंगन में झाड़ू लगा दिया करते थे चार चार बहुओं के होते हुए भी वहा खुद काम करना उचित मानते थे

पगडंडियों के रास्ते से आंगनवाड़ी तक पहुंचे में कम से कम दस मिनट लग जाते थे ये छोटे छोटे पैर जब पत्थर से टकरा जाते थे तब आंसू आने में कुछ ज्यादा वक्त नहीं लगता था फिर उठ के मजबूरी में चलना और मां की वो बात चींटी मर गई आज भी बहुत याद आती है जैसे तैसे करके आंगनवाड़ी में पहुंचना और दूर से ही कुछ छोटे छोटे बच्चो को देख लिया करते थे तब थोड़ा बहुत उनके खिलौनों को झुंझलाके छीनना फिर आंगनबाड़ी बाली मैडम को देख के डर जाना । फिर जब कोई बच्चा भोंपू बजा देता था तो तुरंत हस यह कहना गलत नही होगा की मुझे जबरदस्ती स्कूल ले जाया जाता था

3

पहली

दिन था शनिवार का मुझे नहा धुला के कही ले जाया जा रहा था में जगह से तो अनजान था लेकिन इतना पता था की आंगनवाड़ी के अलावा और कहां जा सकते हैं तभी रास्ते में वही दुकान पड़ी और मुझे मेरी मनपसंद चीज चांद सितारे (खट्टे मीठे) दिलाए गए साथ में एक बिस्किट भी जब में पापा की साइकिल पे बैठा था तब मेरी चप्पल निकलवा दी यह कह कर की चप्पल रास्ते में गिर जाती है तो बिल्ली ले जाती है इतने कहने पर ही मेने चप्पल निकल दी और नंगे पैर ही में बैठा रहा ।

जैसे ही में एक अनजान सी जगह पहुंचा जहाँ पर बहुत सारे छोटे छोटे बच्चे थे और पांच छह मह महिलाएं और एक मोटा सा व्यक्ति अन्दर बैठा था कुर्सी पर तभी मुझे एक महिला ने विकास कह कर पुकारा तभी पापा ने मुझे अन्दर जाने को कहा और में अन्दर चला गया तभी उस महिला ने मुझसे चप्पल उतारने को कहा तो मेने चप्पल बरामदे में उतार दी और में अन्दर चला गया सब लोग मुझे ही घूरे जा रहे थे | उस महिला ने मेरा नाम बताया सबको फिर उनने ये भी बताया की में तुम्हारी मैडम हु और अब ये सब तुम्हारे दोस्त तभी मैडम ने टेबल पर से एक चाक उठाई और सामने बनी काले रंग की दीवार पर कुछ लिखना शुरू किया मैडम जो भी बड़े आकार की आकृति बनाती जब कहती जब मैडम ने मुझसे बनाने को कहा तो मुझे बाद में पता चला की स्कूल जैसा भी कोई शब्द होता हैं ।मेने जैसे ही बस्ता खोला तब उसमे से कुछ निकला एक स्लेट और एक बरती से परिचय में में बहुत बाद में हुआ मेरा परिचय पहले[i] हुआ एक चाक की बत्ती से पहले ही दिन मेने बो बत्ती किसी लड़के को खाती हुई देखा तब मेने बो खाने की चीज समझकर चखा स्वाद अच्छा लगा तभी मेने खाने की वस्तु समझ कर थोड़ा बहुत खाई तो में

थोड़ा थोड़ा करके पूरी खा गया और मेरे होंट सफ़ेद हो गए|

जब मैडम आती है मैडम ने मेरी स्लेट ले ली तब बरती मांगी गई तो में उस लड़के का मुंह देखते रह गया जिसने पहले बती खाई थी तभी मैडम ने मुझसे एक चाक का टुकड़ा दिया और खाने से मना कर दिया| फिर मैडम ने मेरी स्लेट पर कुछ आकृतियाँ बना दीं और वाही आकृतियाँ मुझसे बनाने को कहा अब हमने क्यों बनायीं होती आकृतियाँ हमें जब इनकी कभी जरूरत ही नही पड़ी मैडम ने जब आकर देखा तो स्लेट पूरी खाली थी पर मैडम ने कुछ नही कहा |

फिर मदन ने अपनी एक हिंदी की किताब उठाई और उसमे से एक कविता बच्चो को सुनाई तो क्लास में से कुछ मैडम की कहानी सुनकर कुछ न कुछ प्रति क्रिया देते तो उनको देखकर थोड़ा बहुत मेने भी अपने हाथ पैर हिलाना शुरू किये |

फिर मुझे पता चला की की मेरे साथ पापा भी तो आये थे वो कहा गए तभी में रोकर क्लास से बाहर आ गया कविता जाए भाड़ में और में पापा की साइकिल देखने लगा तभी मैडम भी कविता को बीच में ही छोड़ कर क्लास के बाहर आ गए और मुझसे अन्दर आने को कहा तब में जोर जोर से रोने लगा और मचल गया| मैडम ने मुझे ये कहते हुए चुप कराया कि तुम्हारे पापा तुम्हारे लिए बिस्कुट लेने गए हैं |

फिर में क्लास में दोबारा चला गया कुछ देर बाद तभी किसी और मैडम ने आकर कहा कि विकास कोन है उसकी मम्मी आई हैं तब जाकर मेरे चेहरे पे मुस्कान आयी और में ख़ुशी ख़ुशी क्लास से बाहर आया गया |

फिर में उस स्कूल में बिलकुल नही रुका मम्मी के साथ तुरंत घर आ गया| मम्मी का पूरा दिन स्कूलों के चक्कर काटते काटते ही निकल जाता था |

हम तीन बहन भाई थे मेरी सबसे बड़ी बहन प्रीति और सबसे छोटी बहन राधा में मंझला था |

बड़ी बहन मेरी कन्या प्राथमिक स्कूल में पढ़ती थी जो की सड़क के उस पार था तो मम्मी रोज उसे छोड़ने जाती था में जब पहली क्लास में था तब वह तीसरी क्लास में थी | स्कूल का समय था १२ से ४ बजे तक का था

एक दिन जब मम्मी उसे छोड़ने स्कूल नही जा पाई तभी वहा अपनी सहेलियों के साथ जा रही वो जैसे ही सड़क के किनारे पे पहुंची तो वो सड़क के उस पार जाने ही वाली थी की इतने में कोई मोटरसाइकिल वाला आया और और टक्कर देकर भाग गया तभी वहा पे भीड़ इकठ्ठा हो गयी उसके सिर में बहुत गहेरी चोट आयी और वो बेहोश हो गयी | इतने में टयूसन पढ़ाने वाले सुरेश शर्मा सर निकल कर जा रहे थे तभी उनको पता चला तो उन्होंने उसे उठा कर गोद में ले लिया | सर की

आँखों में आंसू आ गए और इधर से जब मम्मी को पता चला तो रोती भागती वहां तक पहुंची | तो तुरंत इलाज के लिए नजदीक ले जाया गया और उसका कुछ दिन तक इलाज चला और वह हो गयी

घर में एक लड़का होने के कारण मुझे स्वाभाविक सी बात है की प्यार ज्यादा ही मिलेगा। ऐसा बिलकुल नही था क्योंकि हमारे घर पे इसके विपरीत होता है जब में छोटा था तब की बात है। मेरी दोनो बहने को मुझे ज्यादा प्यार मिला ऐसी बात भी है थोड़ा बहुत मेरे हिस्से में भी आया पर उतना नही । ये हर घर की कहानी है कि बड़ी बहन से कुछ कह नहीं सकते और छोटी बहन को दबा नही सकते तो। हम बीच के है इसीलिए हमेशा। गेहूं की तरह बीच में ही पिसते रहेंगे। कभी कभी कुछ खाने पीने की चीज के लिए हम भी दोनो के बाल लोंच दिया करते थे और झूठा बहाना बना के रोने की आदत मेरी दोनो बहने को पड़ चुकी थी और हमारे लिए एक थाली में दो डांट और दो चार थप्पड़ हमेशा तैयार ही रहते थे कुछ दिन बाद हमारा नाम भी शिक्षा के पहली सीढ़ी में दर्ज करा दिया था और अब हमे भी बही सबकी तरह बाबू(लाठ साब) बनने का सपने दिखा दिया था ।

है भी खुशी खुशी राजी हो गए हमे क्या पता था बाबू क्या होता है ।

हमने इतना तो सीख ही लिया था। कि जब कोई पापा की पहचान का दिखे तो उसके सामने एक अच्छे बच्चे की तरह नमस्ते करना।

आंगनवाड़ी कोई छोटा सा शब्द नही है जब है इसकी और बढ़ते थे तब हमे रास्ते में कई दुकान पड़ती थी और वहां पर टंगे कुरकुरे देख के मचलना तो स्वाभाविक था तो है कैसे न मचलते आखिर हम भी तो बच्चे ही थे तो हम भी मचल गए । तो बड़ी मुश्किल वो हाथ लगा ।

फिर हमे अगले दिन घुमा दिया गया इस रास्ते से ले जाया गया बहन पर एक भी दुकान नही पड़ी में आश्चर्य चकित था कल तो थी आज कहा गई ।

जब हम खुशी खुशी जाने लगे तो हमे एक चांद सितारे(खट्टे मीठे) ,और एक कुरकुरे की पैकेट मुन्ना भाई जो की एक रूपए की आती थी ।और कभी कभी बिस्किट वो दिन कुछ और ही थे जब एक रूपये के बिस्किट में चार बिस्किट निकलते थे। वो मिश्री अंकल की दुकान उस समय बहुत फेमस हुआ करती थी। यदि हम बिस्किट लाते थे तो बेहरनो को एक एक और हम दो रख लेते थे।

आखिर क्यों न रखें आखिर पापा ने पैसे हमे जो दिया थे।

जब भी बरसात का मौसम आता तो हम पर फोकस करते हुए सबसे पहले हमे उढ़ा कर सुला दिया जाता था ।

ये बात जब की है तब ठंडी ठंडी सी हवाएं चल रही थी शाम का वक्त हो रहा था तभी मुझे थोड़ी ठंडी सी महसूस हुई मेरे पास रोने के अलावा और कोई विकल्प शायद नही था ।

पगडंडियों के रास्ते से आंगनवाड़ी तक पहुंचे में कम से कम दस मिनट लग जाते थे ये छोटे छोटे पैर जब किसी छोटे से पैर से टकरा जाते थे तब आंसू आने में कुछ ज्यादा वक्त नहीं लगता था

फिर उठ के मजबूरी में चलना और मां की वो बात चींटी मर गई आज भी बहुत याद आती है

जैसे तैसे करके आंगनवाड़ी में पहुंचना और दूर से ही कुछ छोटे छोटे बच्चो को देख लिया करते थे तब थोड़ा बहुत उनके खिलौनों को झुंझलाके छीनना फिर आंगनबाड़ी बाली मैडम को देख के डर जाना ।

फिर जब कोई बच्चा भोंपू बजा देता था तो तुरंत हस जाना ।

और भोपू को छुड़ा के अपने कब्जे में करना उस समय बहुत बड़ी बात होती थी यदि कर लिया तो किसी एक को खाली हाथ घर जाना पड़ता था। फिर अगले दिन मम्मी को साथ लेकर जाना। तो कैसी की भी खतरनाक मम्मी को देख के पेंट में ही पेशाब कर लेते थे।

जनवरी की ठंड में मेरे होश खो गए होंगे उस समय मेरे जीवन में मां के हाथों सिली स्वेटर और हाथों सिला ही बस्ता और पानी की बोतल लेके जाने में थोड़ा वजन तो लगता ही था पर मर्म के मारे सब भूलते चले जाते थे ।

मेरे पास एक लाल रंग की टी शर्ट थी में आंगन वाडी से जब घर आ जाता था तब उस टी शर्ट के छोटे से छेद को बड़ा करने में घर के

बाहर रखी लकड़ियो का बहुत बड़ा हाथ था कुछ लोग यह भी बताते हैं की जब में एक बार बीमार हो गया था तब मेने डॉक्टर जब सूई लगा रहे थे तब मेने उनके मुंह में लात मार दी थी वही डॉक्टर मुझे जब भी मिलते हैं तो देख वही बात याद दिला देते हैं और हस देते हैं। घर के पीछे बहुत बड़ा खलियान था तो हमे खेलने के लिए उसकी जरूरत कभी नही पड़ी क्योंकि हमारे घर के आगे का गिट्टी का खरंजा ही बहुत था ।

एल में स्कूल जाता था यह कहना गलत नही होगा की मुझे जबरदस्ती स्कूल ले जाया जाता था ।

मेरा सबसे बुरा दिन वो था जब मुझे आंगनवाड़ी छोड़ कक्षा एक में प्रवेश मिल ही रहा था की मेरी जन्म पत्रिका को गई और मेरा प्रवेश

कक्षा एक में हुआ पर आश्चर्यचकित हुए और मेरी जन्म तिथि को जबरन में एक जुलाई कर दिया गया ।

क्योंकि ग्रामीण अंचल में जन्म तिथि ज्यादातर एक जुलाई ही हो जाती है , क्योंकि उस दिन सभी स्कूल खुलते हैं तो ज्यादातर बच्चे भी एक जुलाई को ही पैदा होते है |

विकास अहिरवार ग्राम मावन के रहने वाले है न ये भी बर्तमा में पीजी कॉलेज गुना में बीएससी के छात्र है